AF249776

OPINION
D'UN HOMME D'ÉTAT

sur les divers projets

D'UNE

BANQUE IMMOBILIÈRE.

REMÈDE

A LA CRISE FINANCIÈRE

AU MOYEN DU CRÉDIT FONCIER

SANS ASSIGNATS!
SANS PAPIER-MONNAIE!!

PUBLIÉ PAR HYPPOLITE BACHELET,
rue Saint-Denis, 27, à Montmartre.

Les esprits sont vivement préoccupés de la crise financière qui pèse sur le pays d'une manière si funeste.

Beaucoup cherchent un remède efficace au mal existant, et quelques-uns pensent l'avoir trouvé dans la création d'un

1848

PAPIER-MONNAIE garanti par hypothèque sur les propriétés immobilières particulières.

De là sont nés une foule de projets, soumis en ce moment à l'appréciation de l'Assemblée nationale.

EN PRINCIPE, la possibilité de créer un *nouveau moyen de crédit* à l'aide de la propriété foncière est généralement admise ; examiné avec bonne foi, *ce principe* ne peut être sérieusement contesté par personne.

Mais, s'ils sont d'accord *sur le principe*, les auteurs des divers projets diffèrent sur *l'application* et les *moyens d'exécution ;* ils sont en désaccord surtout sur un point capital : à savoir, si les billets émis devront ou ne devront pas *produire intérêt.*

Selon les uns, c'est *de l'argent* qui manque, d'où la conséquence que c'est *de l'argent* qu'il faut créer, ou *des billets* destinés à en tenir lieu et *improductifs* comme le numéraire... selon les autres, le numéraire existant *est suffisant* pour *les besoins de la circulation*, en sorte que ce qu'il faut créer, c'est uniquement *un nouveau moyen d'échange et de crédit circulant* qui vienne au secours et comme puissant auxiliaire à ceux déjà en fonctions.

Qui a tort ? qui a raison ? C'est ce qu'il y a lieu d'examiner.

Il faut d'abord le reconnaître, le mot *papier-monnaie* est un épouvantail pour un grand nombre de personnes, *le système de Law, les assignats* de la première révolution, reviennent involontairement à la mémoire.

A notre sens, c'est *avec raison* que l'on s'effraye s'il s'agit de créer un *papier-monnaie* ayant l'unique prétention de faire *l'office du numéraire*, car, quoi qu'on en dise, ce serait de véritables *assignats*, et la surabondance amènerait *la dépréciation, l'avilissement*, le désastre !... Mais ce serait un tort de s'effrayer si l'on devait se borner *à mobiliser le contrat hypothécaire* et à le *rendre circulable*, car, dans ce cas, le bien *serait immense*, et le mal *impossible !...* C'est ce qui ressortira jusqu'à l'évidence de l'examen des deux systêmes en présence.

§ 1er.

Billets improductifs.

Il est de principe en économie politique et financière qu'il ne faut pas qu'il y ait du numéraire *au-delà des besoins de la circulation.*

Si les besoins *sont dépassés*, il y a *dépréciation, avilissement*, parce que le numéraire restant *inactif* ne *produit plus*, devient *capital mort;* celui qui le possède n'en peut *tirer profit* que du jour où il le remet de nouveau *en circulation* et en fait *un emploi utile.*

Il faut donc, autant que possible, qu'il y ait toujours *équilibre* entre *les moyens* et *les besoins* de la circulation.

S'il sagit de *numéraire métallique*, la surabondance n'est pas bien dangereuse, car le mal porte en lui-même son remède : le métal est *marchandise*, on le *transforme en lingots*, et on le transporte dans les pays où, *moins abondant*, il a *plus de prix.*

Mais il n'en peut être ainsi du *numéraire de papier*, s'il *surabonde*, s'il est *sans emploi*, s'il *ne circule pas*, ou s'il est *obligé de circuler trop vite*, forcément il s'*avilit*, il se *déprécie* plus ou moins, selon qu'il y a plus ou moins grande abondance sur la place.

Tout cela est élémentaire, et ne peut être mis en doute par personne.

Avant donc de parler de créer du *papier-monnaie pour des*

sommes énormes ! il faudrait commencer par se demander quels sont les *besoins de la circulation ;* quel est le chiffre auquel il faudrait s'arrêter et qu'il serait dangereux de dépasser, sous peine de perturbation.

Or, nous soutenons que le numéraire existant en France est suffisant pour les *besoins de la circulation, des payements et des appoints*, et voici comment nous le prouvons :

Tout le monde connaît les prodiges de la multiplication inouïe des grains de blé doublés sur chacune des cent cases d'un damier ; eh bien ! *la multiplication du numéraire par la circulation* présente un phénomène non moins surprenant.

Cela s'explique par cette raison que le numéraire *ne s'absorbe pas, ne se consomme pas,* qu'il existe toujours *en nature* et reste *mobile* constamment, tandis, au contraire, que tout ce qui l'approche, tout ce qui est mis en contact avec lui, tout ce qu'il sert à *payer, solder ou échanger, s'absorbe, se consomme ou s'immobilise.*

Posons des chiffres :

D'après des relevés officiels faits au mois de janvier 1845, le *numéraire* existant en France à cette époque s'élevait à la somme de *quatre milliards neuf cent quatre-vingt millions trois cent soixante et un mille trois cent vingt francs,* divisée ainsi :

Or, ...	1,167,411,720 fr.	
Argent, . . .	3,760,042,397	4,980,361,320 fr.
Cuivre et Billon .	52,877,203	

Si de ce chiffre nous déduisons l'or, qui circule peu, et les sommes d'argent qui peuvent rester en dépôt, soit pour les banques, soit pour toute autre cause, nous ne pensons pas pouvoir être taxé d'exagération en posant en fait que *le numéraire circulaut sans cesse* pour tous les besoins de la vie et des transactions, s'élève à environ 2 *milliards*, en y comprenant les billets des banques.

Or, on ne peut nier qu'une pièce de cinq francs peut servir *plusieurs fois* dans la même journée à faire des échanges, des payements, etc. Mais supposons *qu'en moyenne*, elle ne fonctionne qu'*une fois par jour*, elle n'en aura pas moins à la fin de l'année, *à elle seule*, servi à solder pour 1,825 fr. de transactions.

J'achète un chapeau, évidemment je fais un échange avec le chapelier : je reçois sa marchandise et je lui donne 3 pièces de 5 fr.; à la fin de l'année que reste-t-il de mon chapeau? rien, il est *usé, consommé* depuis longtemps; les 3 pièces de 5 fr., au contraire, ont servi à solder 5,475 fr. et elles sont toujours entières !...

Appliquons ce fonctionnement, *moyen* et *modéré*, à chacune des pièces de 5 fr. qui composent les 2 milliards de numéraire circulant, et que trouvons-nous, au bout de l'année? le capital énorme de 730 *milliards !!!*

Enfin, allons plus loin, et admettons un cas possible, celui où, au lieu d'*une fois,* le numéraire circulera deux, trois, quatre, cinq fois et plus par jour, et rendons-nous compte, par la pensée, du chiffre considérable qui serait produit par cette circulation multipliée.....

Il doit donc être hors de doute que le numéraire existant *est suffisant* pour les besoins de la circulation ; il ne faut donc pas *l'augmenter*, mais seulement l'*obliger à circuler*, puisque, *à lui seul,* il peut satisfaire à tous les besoins.

L'argent n'a pas *disparu de France*, il n'est que *resserré momentanément* à raison des événements; pour *l'obliger à circuler de nouveau*, il ne faut pas lui créer *un concurrent* ou un *remplaçant*, car ce serait *l'anéantir* et le *faire disparaître*..

Il faut seulement lui *donner confiance,* lui offrir un moyen *d'échange* qui lui offre *toute sécurité* et qui, au besoin, puisse lui venir *en aide* comme *auxiliaire.*

Divers auteurs de projets ont eux-même été effrayés, sans doute, des conséquences désastreuses que pourrait avoir une émission *illimitée* de billets hypothécaires *improductifs,* car ils proposent de faire une émission *limitée d'abord ;* un, deux, trois milliards, par exemple ! — sauf à augmenter plus tard.

Mais ils ne réfléchissent pas qu'il n'en peut être ainsi ; qu'en premier lieu, en *matière aussi grave,* lorsqu'il s'agit de créer un nouveau système financier, il ne faut pas marcher *en tâtonnant, par essai,* mais bien d'un pas *ferme et sûr !* en second lieu, qu'accepter une *limitation arbitraire,* c'est ôter à la mesure toute *son efficacité ;* puis, c'est créer *des préférences, des priviléges !* or, c'est ce qu'il ne faut pas : il faut que *tous ceux qui ont besoin* et qui sont *à même de donner une garantie hypothécaire* puissent être admis à prendre part aux bienfaits de l'institution nouvelle.

Il ne faut donc pas *limiter* l'émission, mais aussi on doit éviter que cette nouvelle institution puisse être un objet de perturbation dans les affaires, au lieu d'y apporter la vie et le salut.

Nous pensons que *ce double danger* n'aura pas lieu en a-doptant *les billets* ou *bons hypothécaires* dont nous allons parler.

§ II.

Billets productifs.

Nous n'avons maintenant en France que deux moyens d'*échange et de crédit circulant :*

En premier lieu, *le numéraire* et *les billets de banque :* nous venons de démontrer qu'ils sont en *suffisante quantité* pour les besoins *de la circulation.*

En second lieu, les *billets à ordre et les lettres de change :* Ce mode de *crédit circulant,* quoique bien insuffisant pour tous les besoins, rend néanmoins d'immenses services et facilite une foule d'affaires et de transactions ; toutefois, ce crédit est plus particulier au commerce et à l'industrie qu'aux autres classes de citoyens, et il faut reconnaître qu'il n'est accepté qu'*avec réserve,* avec plus ou moins de faveur, selon que les signataires présentent plus ou moins de solvabilité ; enfin, il est *tout personnel, immatériel,* et ne repose, le plus souvent, que sur des *éventualités* plus ou moins grandes.

La *propriété foncière* qui, au contraire, est à même d'offrir des garanties *réelles, sérieuses, incontestables,* ne possède aucun moyen *d'échange et de crédit circulant,* la signature *commerciale* est préférée à la sienne ; enfin, elle n'a pour toute ressource que l'*emprunt hypothécaire.*

Cette ressource est bien *insuffisante* pour les besoins de la propriété ; puis, le prêt hypothécaire ne vient jamais qu'au secours d'intérêts *particuliers et privés,* car il n'a pas même, comme les effets de commerce, l'avantage de servir les intérêts généraux, en venant fructifier la circulation publique ; le prêt sur hypothèque, en effet, *n'augmente pas le capital circulant,* il n'opère qu'un *déplacement de fonds déjà existants,* et, quant au *contrat hypothécaire, il s'immobilise, s'identifie* avec l'immeuble sur lequel il repose, il n'est plus désormais qu'*un capital stagnant* sans utilité pour la fortune publique.

Ce qu'il faut donc, c'est sortir *le contrat hypothécaire* et *le capital qu'il représente* de leur *immobilité*, et leur donner *vie et action dans l'intérêt général.*

En conséquence, il faut *mobiliser*, non pas *l'immeuble*, comme on le dit à tort, mais bien le CONTRAT HYPOTHÉCAIRE ; il faut le diviser au moyen de *billets* ou *bons*, que l'on rendra *circulables.*

Et, comme le contrat hypothécaire *est productif d'inté-rêts*, il faudra bien que les *billets* ou *bons*, qui *seront des portions de ce contrat*, soient eux-mêmes *productifs d'inté-rêts* dans la proportion du capital que chacun représentera.

La mise à exécution de ce projet serait aussi simple que facile ; il ne serait pas nécessaire, du moins quant à présent, de modifier en quoique ce soit le système hypothécaire actuel ; les emprunts se feraient de la même manière que par le passé, par l'intermédiaire d'un notaire, avec la même régularité, et en prenant les mêmes sûretés, les mêmes garanties ; seulement, c'est à l'Etat que l'emprunteur s'adresserait (1) ; c'est à l'Etat qu'il souscrirait son obligation, avec affectation hypothécaire sur les immeubles donnés en garantie, et c'est l'Etat qui *mobiliserait* ce contrat hypothécaire par *la création* et la délivrance à l'emprunteur ou à ses créanciers, de *billets* ou *bons*, qui représenteraient le montant du prêt et qui seraient circulables comme monnaie légale.

C'est à l'Etat que l'emprunteur payerait les intérêts du montant du prêt ; ils pourraient être fixés à 4 0/0, et le re-

---

(1) Divers auteurs de projets demandent que la mise à exécution soit confiée de préférence à une institution particulière, analogue à la Banque de France, qui fonctionnerait sous la surveillance de l'État. Nous ne verrions nul inconvénient à cela, et si ce mode d'application était adopté, nous recommanderions l'excellent projet de M. Labarbe, notaire à Paris, aussi soumis à l'Assemblée nationale, qui a toutes nos sympathies.

couvrement s'en ferait de la même manière que les impôts ordinaires.

C'est l'Etat qui paierait les intérêts aux tiers porteurs des billets; on pourrait les fixer à 3 fr. 65 c. 0/0 par an , *un centime par jour*; le payement s'en ferait tous les six mois , comme pour les rentes sur l'Etat, et un timbre appliqué au dos des billets indiquerait chaque payement.

La différence de 35 c. entre l'intérêt reçu et celui payé indemniserait l'Etat de l'augmentation de frais d'administration que nécessiterait la mise à exécution du projet. En calculant sur un chiffre de 10 milliards, cela produirait un revenu annuel de 35 millions , et il est probable que d'ici à quelques années ce chiffre serait dépassé, puisque les créances hypothécaires à rembourser excèdent déjà cette somme.

Les divers auteurs de projets font profiter l'Etat seul de tous les intérêts des emprunts ; cela n'est ni *juste,* ni *équitable,* et c'est à tort, selon nous ; l'Etat, en effet, ne fournit rien autre chose que *son concours, son intervention* pour la mise à exécution d'une mesure d'utilité publique ; c'est lui , il est vrai, qui *mobilise le contrat* , qui *crée les bons de circulation,* mais il *n'en fournit pas la valeur ;* le *véritable prêteur,* c'est le *tiers porteur* qui accepte le *billet* ou *bon,* et en donne la représentation d'une manière quelconque : c'est donc lui qui doit profiter des intérêts, ou au moins de la plus forte partie.

Il est bien entendu que tous les billets de circulation *seraient uniformes,* sans distinction entre les divers emprunteurs ; tous, en effet, émaneraient de l'Etat, et tous présenteraient la *même garantie matérielle,* car chaque immeuble ne serait grevé que proportionnellement à sa valeur, et jamais au delà de certaines limites fixées. Ces billets ne devraient pas porter d'époques de remboursement ; cela serait sans intérêt à l'égard des tiers-porteurs, puisque, pour ceux-ci, ces billets auraient *l'utilité du numéraire*, et qu'ils pourraient en faire le même usage en les échangeant à volonté contre toutes choses ; ce n'est que par les remboursements des obligations que les billets sortiraient de la circulation , jusqu'à concurrence de chaque somme payée ; ces remboursements pourraient être facultatifs pour les emprunteurs , car *eux seuls* auraient intérêt à la libération.

Ici, une objection sera faite dans l'intérêt de l'Etat : « Les « emprunts seront moins fréquents, moins souvent renou- « velés, en sorte que l'Etat sera privé de l'impôt qu'il per- « çoit sous forme de droit d'enregistrement.... » Nous ré- pondons que l'on pourra remplacer ce droit d'enregistre- ment par *un supplément d'intérêt* mis annuellement à la charge de l'emprunteur ; par exemple, 50 *centimes pour cent*, ce qui, toujours sur le pied de 10 milliards, produirait 50 millions par an ; dans ce cas, l'emprunteur payerait à l'Etat 4 1/2 0/0, au lieu des 4 0/0 portés ci-devant.

RÉSUMÉ.

Si nous avons bien rendu notre pensée , il doit être évi- dent pour tous que *le numéraire existant en France* est suffi- sant, comme *moyen de payement* ou comme *appoint*, pour tous les besoins de la circulation ; il ne s'agit seulement que de stimuler cette circulation d'une manière incessante, et alors, le numéraire se multipliera à l'infini et ne fera jamais faute.

En supposant qu'il n'en fût pas ainsi, qu'il y eût, en effet, *pénurie d'argent*, il ne faudrait point créer un *numéraire factice* ; car, dès qu'il *ne produit rien* et qu'il ne peut être *échangé* contre l'objet qu'il représente, il ne peut avoir aucune valeur réelle.

C'est en vain que l'on dira que ce *papier-monnaie* sera *parfaitement garanti par bonne hypothèque*, et que la bonne hypothèque vaut *le lingot d'or!*... Nous répondons que *le lingot d'or* n'a de valeur *utile* et *productive* que si l'on peut *en faire usage et en prendre possession;* or, votre *papier-monnaie* ne donnera *aucun droit* ni *à l'usage*, ni *à la prise de possession* de l'un des immeubles hypothéqués; dès lors, pour nous, il ne sera d'aucune valeur.

On ne pourra même pas l'assimiler *aux billets de banque* et *aux effets de commerce;* en effet :

Le *billet de banque* représente *du numéraire*, et il n'a une valeur *réelle* que parce qu'il peut être *à volonté* échangé contre *du numéraire* ; cela est écrit en toutes lettres sur le billet : « *Il sera payé, en espèces, à vue, au porteur....* »

Le billet de commerce représente *aussi du numéraire* non payable *à vue*, mais il est *à échéance fixe* ; or il vaut *plus* ou *moins*, selon que l'échéance est plus ou moins éloignée; ainsi, un billet 1,000 fr., revêtu de la signature la plus incontestablement bonne, une de ces signatures qui valent aussi le *lingot d'or*, ne vaut cependant *réellement* 1,000 fr. que le jour où il doit *s'échanger contre espèces*; c'est-à-dire, le jour de l'échéance. — Si vous voulez *en faire de l'argent avant l'échéance*, il vous faut payer un escompte ; c'est-à-dire, *subir une perte.*

Or, votre *papier-monnaie* n'aura pas et ne pourra pas avoir d'échéance *fixe*, et il *ne produira rien!* il ne jouira donc d'*aucune faveur*, et il *sera refusé*, car celui qui l'accepterait n'en pourrait à son tour faire usage, si ce n'est en *subissant* une dépréciation plus ou moins forte.

« Mais le *cours forcé*, qui obligera chacun à le prendre ! »

Le cours forcé sera inefficace : il pourra bien être opposé *au créancier*, celui-ci sera bien obligé, *de par la loi*, de le recevoir, il devra *se résigner;* mais vis-à-vis de tout autre qu'un créancier comment ferez-vous ? pourrez-vous l'obliger à vous vendre son cheval, sa maison, et à recevoir votre *papier-monnaie ?* non, car il ne vous *vendra,* et ne *vous livrera* qu'à la condition de le payer de toute autre manière : Que fera *la loi !* que fera *le cours forcé ??*

Du *papier-monnaie improductif,* serait inévitablement *déprécié, avili,* dès le jour même de son émission, cela est incontestable.

Les *bons hypothécaires produisant un revenu* n'auraient aucun des inconvénients que nous venons de signaler, et ils seraient et devraient être acceptés avec la plus grande faveur ; en effet :

Ces bons réuniraient *deux* natures de crédit en *une seule,* deux genres d'avantages qui jusqu'à présent paraissaient inconciliables : ils *circuleraient comme numéraire,* et ils vaudraient *comme placement ;* on aurait beau *les conserver* ou les *lancer en spéculation,* toujours et de toutes les manières ils *seraient profitables....*

Les bons hypothécaires à rentes seraient de vrais *gages circulables, égaux* à la *monnaie métallique* pour *la garantie intrinsèque,* et bien *supérieurs à celle-ci* en raison de leur *productivité....*

Il n'y aurait pas à craindre *une surabondance* en raison d'une émission plus ou moins grande, car ce qui ne *circulerait pas* resterait *capital-placement, productif* et *disponible,* toujours prêt à *entrer en circulation* à la première occasion.

Désormais donc, plus de capitaux improductifs ! les *revenus* même *deviendraient capitaux ;* enfin, ces bons pourraient faire l'office de véritables caisses d'épargne.

Et il ne faut pas croire que ce *nouveau moyen de crédit*

ferait du tort à ceux déjà existants; il leur viendrait au contraire en aide; le *numéraire métallique circulerait d'avantage* et en plus grande quantité, car ceux qui le détiennent ou qui sont obligés de le conserver *en dépôt et inactif*, comme les banques, par exemple, seraient heureux de l'échanger contre des bons hypothécaires *productifs d'intérêts*, et représentant des capitaux disponibles à volonté ; dès lors la circulation du numéraire métallique serait augmentée d'autant.

Le crédit *commercial et industriel* trouverait là un puissant auxiliaire, qui lui viendrait en aide et rendrait l'acquit de ses valeurs plus facile.

Enfin, au point de vue de *l'intérêt général*, et en ne parlant que des 10 milliards et plus de créances hypothécaires qui sont aujourd'hui *immobilisées* et ne rendent aucun service, il est évident que la mise à exécution de ce *nouveau mode de crédit circulant*, qui rendrait ces *énormes capitaux disponibles*, devrait avoir pour effet immédiat de vivifier et faciliter considérablement toutes les affaires , toutes les transactions, et de rétablir le crédit public et privé si cruellement atteints.

Nous plaçons ici un passage de l'excellent ouvrage de M. le comte Auguste Cieszkowski, intitulé : *Du crédit et de la Circulation*, qui trouve parfaitement son application :

« Le *système des billets-à-rentes* serait, pour la circulation des capitaux, ce que le *système monétaire* a été pour la circulation des produits ; car de même que la monnaie a été instituée pour mobiliser les denrées ou valeurs produites, de même les billets-à-rentes serviraient à *mobiliser* les fonds ou capitaux productifs.

« Lorsque l'on se plaint de la *rareté des capitaux* ou parfois de *leur encombrement*, c'est comme si l'on se fût plaint de la rareté ou de l'encombrement des produits avant l'institution des monnaies : ce ne sont pas *les capitaux* qui manquent, mais c'est leur *mise en circulation* qui est défectueuse; les capitaux existent maintenant tout comme les produits existaient alors, mais ils sont *immobilisés et stagnants;* il ne s'agit donc que de les *douer de la faculté de circuler.*

« *Le crédit* ne crée pas plus *de capitaux* que *la monnaie* n'a jamais créée *de produits*, mais il les suscite, les répand, les rend actifs, leur ménage une répartition normale, et en provoque, enfin, une plus ample création. Or, telle a été exactement l'*action de la monnaie à l'égard des produits.*

« Mais ce développement du crédit ne saurait jamais s'effectuer par *une augmentation de simple numéraire*, car toute augmentation de *signes stériles* ne peut aboutir qu'à la DÉPRÉCIATION *des signes eux-mêmes*, et par conséquent à des crises et des débacles plus ou moins déplorables, tandis que l'émission *de fonds-circulants* et *portant intérêt, productifs* en *placement* et *en circulation,* pourrait seule obvier aux besoins de la circulation, sans l'exposer ni *aux dangers de la dépréciation,* ni à *ceux de la surexcitation.* »

Nous n'avons rien à ajouter après cette citation que nous venons de faire de l'œuvre d'un économiste distingué, qui *résume si bien* tout le système de crédit que nous voudrions voir admettre, et qui, selon nous, serait *un bienfait pour le pays.*

Du reste, M. Cieszskowski assure que ce système de crédit n'est pas nouveau, et que depuis plus de cinquante ans il fonctionne avec le plus grand succès dans divers états de

l'Europe, notamment en Pologne, en Prusse, en Écosse, etc.,
Pourquoi n'en ferait-on pas aussi l'application en France?

Un mot encore en faveur de ce système.

Deux inconvénients très-graves et désastreux résultent
des placements hypothécaires actuels : l'un pour l'emprunteur, l'autre pour le créancier.

Pour l'*emprunteur,* c'est l'obligation de rembourser *à
époque fixe ;* il n'est *presque jamais* en mesure de payer de
ses propres deniers ; de là, nécessité de recourir à un nouvel
emprunt, de faire de *nouveaux frais,* et s'il *ne trouve pas,* il
s'ensuit : *l'expropriation, la ruine.*

Quant au créancier, il sait fort bien le jour où il verse ses
fonds, mais il n'est pas aussi certain de l'exactitude du débiteur dans le payement, soit du capital, soit des intérêts. Il
arrive souvent que, par suite de décès, mauvaises affaires,
expropriations, ordres, etc., il est *plusieurs années* sans recevoir, *même ses intérêts,* et cependant il n'a placé que pour
vivre de son revenu.

Avec le nouveau projet, ce double inconvénient n'aurait
pas lieu ; le *remboursement* serait *facultatif* pour le débiteur;
et, à l'égard du créancier (c'est-à-dire, pour l'avenir, le
capitaliste, possesseur des nouveaux bons), son capital,
placé *en ses propres mains,* serait disponible à première volonté, et son revenu lui serait payé avec la régularité du
payements des rentes sur l'Etat.

Homme *d'expérience* et *de pratique,* nous avons examiné
sérieusement et profondément ce projet, et nous avons l'intime
conviction que l'on ne peut faire, *à son principe* et *à son
application, aucune objection* qui ne puisse être *à l'instant*

réfutée; des hommes de pratique aussi, notamment des notaires expérimentés, partageut notre conviction. Du reste, nous nous mettons à la disposition de tous ceux qui conserveraient encore quelques doutes, ou qui désireraient des éclaircissements.

SE TROUVE A PARIS

rue Favart, 12, et chez tous les Libraires.

9 782014 056457